ANNA WALZ U.A.

SCHNELLE BROTE

... die kriegt jeder gebacken

FOTOGRAFIE COCO LANG U.A.

INHALT

Öffnen Sie die Klappen dieses Buches.
Dort finden Sie die wichtigsten Infos zum Thema auf einen Blick!

DAS PRINZIP:
SCHNELLE
BROTE

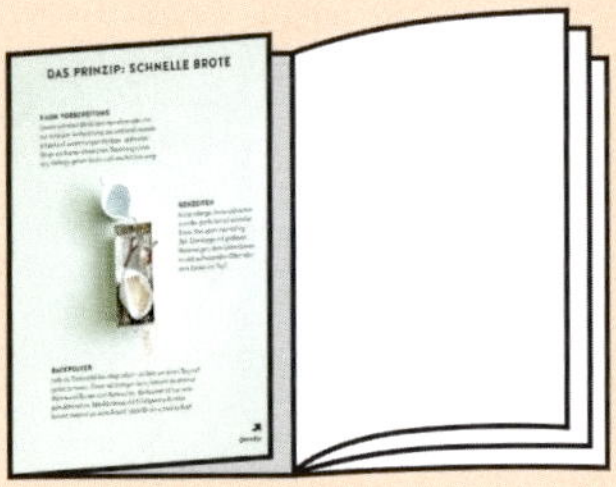

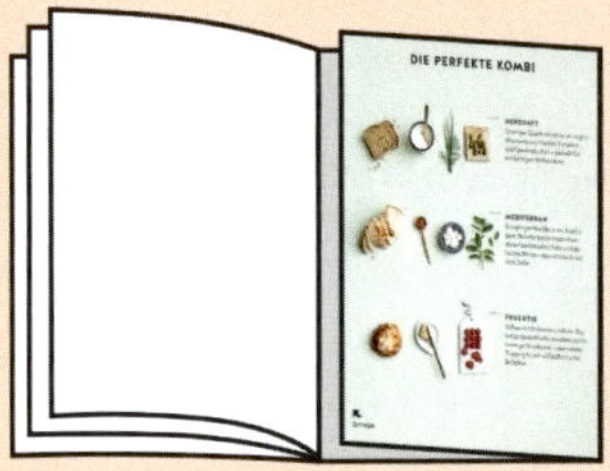

DIE PERFEKTE
KOMBI

Immer griffbereit:

SO GEHT'S:
EASY FORMEN

Immer griffbereit:

SO GEHT'S:
RESTEVERWER-
TUNG

GU
CLOU

Wussten Sie schon, dass ...?
Entdecken Sie bei einigen ausgewählten Rezepten ganz besondere Tipps mit verblüffendem Insiderwissen.
Aha-Momente garantiert!

Mit diesem Symbol sind alle veganen Gerichte gekennzeichnet.

Die Backzeiten können je nach Herd variieren. Unsere Temperaturangaben beziehen sich auf das Backen im Elektroherd mit Ober- und Unterhitze.

REZEPTKAPITEL

ANNA WALZ

Brote und Brötchen schnell und easy zu Hause backen? Das ist wirklich einfach! Mit schnellen Rezepten, Tipps & Tricks und Lust aufs Backen schaffen das alle. Wie das geht, zeigt die Autorin in ihrem vierten Brotbackbuch für GU.

Woher kommt bei dir die Liebe zum Brot?

Ich kann mir kaum etwas Köstlicheres vorstellen als den Geschmack von frischem, knusprigem Brot mit Butter. Als dann vor fast zehn Jahren die Anfrage von GU für mein erstes Brotbackbuch kam, war ich sofort begeistert und habe während des Schreibens gemerkt, wie schön das überhaupt ist, mein eigenes Brot aus dem Ofen zu holen.

Warum schnelle Brote?

Wie die meisten, liebe auch ich ein herzhaftes Sauerteigbrot, das mit ganz viel Ruhe und Zeit sein Aroma entwickeln konnte. Aber genau diese Zeit fehlt uns heute oft und auch das vielfältige Know-how haben viele Menschen gar nicht mehr. Also doch schnell abends das Brot im Supermarkt oder beim Discounter holen, weil ich es nicht mehr rechtzeitig zum Bäcker geschafft habe? Nein danke! Mit den cleveren Rezepten aus diesem Buch kannst du beides haben: ein leckeres und frisches Brot ohne Zusatzstoffe, das auch noch schnell fertig ist.

Und wenn ich mal mehr Zeit habe?

Das ist super! Dann kannst du die Rezepte aus diesem Buch einfach etwas abwandeln. Halbiere die Hefemenge und lass deinen Teig 1 Stunde an einem warmen Ort abgedeckt gehen. Danach formst du ihn, wie im Rezept beschrieben, oder füllst ihn in die Brotbackform und lässt ihn abgedeckt nochmals 20 Minuten gehen. Das funktioniert allerdings nur mit Hefeteigrezepten, alle Teige mit Backpulver sollten zügig in den Ofen wandern!

KRÄUTER-KNOBLAUCH-KNOTEN

350 g Mehl

½ TL Salz,
30 g Zucker
und 1 Pck. Backpulver mischen.

150 g Quark

50 ml Milch

70 ml Öl
und 1 Ei verquirlen, zum Mehl
geben und alles glatt verkneten.

Den Teig auf etwas Mehl in 14 gleich große Stücke schneiden. Die Stücke zu 10 cm langen Rollen formen und einmal verknoten. 80 g Knoblauch-Kräuter-Butter schmelzen und die Knoten mit der Hälfte der Butter bestreichen.
Die Brötchen im vorheizten Ofen (180°, Mitte) in 15–20 Min goldbraun backen. Mit übriger Knoblauch-Kräuter-Butter (40 g) bestreichen. Warm genießen oder auskühlen lassen.

BLITZBROTE

Für 1 Brot (ca. 18 Scheiben) • 5 Min. Zubereitung • 50 Min. Backen • Pro Scheibe ca. 90 kcal, 4 g E, 1 g F, 15 g KH

VOLLKORNBROT MIT HAFERFLOCKEN

FEIN MIT BUTTERMILCH

250 g Vollkorn-Weizenmehl (ersatzweise Vollkorn-Dinkelmehl)
100 g Vollkorn-Roggenmehl
50 g Haferflocken (zarte oder kernige)
2 TL Backpulver
Salz
1 TL Brotgewürzmischung (ersatzweise gemahlener Koriander)
300 g Buttermilch
1 Ei (M)

AUSSERDEM

Mehl zum Arbeiten
2 EL Haferflocken zum Bestreuen

GUT ZU WISSEN

Eine Brotgewürzmischung lässt sich ganz einfach selbst machen: einfach Kümmel, Koriander, Fenchel und Anis zu gleichen Teilen vermengen. Am intensivsten ist das Aroma, wenn man die Gewürze dafür zuvor frisch mahlt.

1 Ein Backblech in den Backofen (2. Schiene von unten) schieben und eine ofenfeste Schale mit Wasser auf den Ofenboden stellen. Den Ofen auf 190° vorheizen. Einen Bogen Backpapier bereitlegen.

2 Beide Mehlsorten, Haferflocken, Backpulver, 1 ½ TL Salz und die Brotgewürzmischung in einer Schüssel verrühren. Die Buttermilch mit dem Ei verquirlen. Die Buttermilch- zur Mehlmischung geben und alles zunächst mit den Knethaken des Handrührgeräts und dann mit bemehlten Händen zu einem ziemlich klebrigen Teig verkneten.

3 Den Teig auf etwas Mehl zu einem runden Brot formen, dieses auf das Backpapier setzen und mit Wasser bestreichen. Das Brot an der Oberfläche mit einem scharfen Messer über Kreuz einschneiden und mit Haferflocken bestreuen.

4 Das Brot mit dem Backpapier auf das heiße Blech ziehen und im Ofen (2. Schiene von unten) 30 Min. backen. Die Schale mit dem Wasser entfernen und das Brot in 10–15 Min. knusprig braun fertig backen. Die Klopfprobe machen (dafür mit der Faust auf die Unterseite des Brotes klopfen. Klingt es hohl, ist das Brot fertig. Achtung, Ofenhandschuhe benutzen!) Das Brot bei Bedarf noch 5–10 Min. weiterbacken. Vom Blech nehmen und auf einem Kuchengitter auskühlen lassen.

AMERIKANISCHES MAISBROT

GANZ OHNE KNETEN

90 g Butter
160 g Maismehl
140 g Weizenmehl (Type 405)
2 TL Backpulver
50 g Zucker
Salz
200 g Buttermilch
2 Eier (L)

AUSSERDEM

flache Auflaufform (ca. 1,2 l Inhalt)
weiche Butter für die Form

MEHR DRAUS MACHEN

Wer es scharf mag, kann mal folgende Variante probieren: den Teig mit gehackten Chilischoten und ein wenig abgeriebener Bio-Limettenschale würzen. So passt das Brot perfekt zu einem Chili oder einer Guacamole.

1 Die Butter in einem kleinen Topf bei mittlerer Hitze zerlassen und zunächst beiseitestellen. Die Auflaufform mit weicher Butter fetten und in den Backofen (2. Schiene von unten) schieben. Den Ofen auf 210° vorheizen.

2 Beide Mehlsorten, Backpulver, Zucker und 1 TL Salz in einer Schüssel mischen. Buttermilch, 70 g flüssige Butter und die Eier in einer zweiten Schüssel gut verquirlen. Buttermilch- zur Mehlmischung geben und alles mit einem Schneebesen oder den Rührbesen des Handrührgeräts zu einem glatten, flüssigen Teig verrühren.

3 Den Teig in die heiße Auflaufform füllen und im Ofen in 25–30 Min. goldgelb backen. Die Form herausnehmen und das Brot noch heiß mit der restlichen flüssigen Butter (20 g) bestreichen. Das Brot zum Servieren in Stücke schneiden und am besten noch warm genießen.

GU CLOU

Essig im Brot? Wenn mit Roggenmehl gebacken wird, braucht man Säure zum Stärken des Teigs. Klassisch wird dafür Sauerteig genommen, doch auch mit Essig funktioniert es. Bei Weizen oder Dinkel ist die Säure nicht nötig – wer das Brot damit backt, kann also den Essig weglassen.

Für 1 Brot (ca. 22 Scheiben) • 5 Min. Zubereitung • 1 Std. 15 Min. Backen • Pro Scheibe ca. 110 kcal, 4 g E, 3 g F, 16 g KH

EINFACHES VOLLKORNBROT

MUSS NICHT GEHEN

250 g Weizenmehl (Type 405)
250 g Vollkorn-Roggenmehl (ersatzweise Vollkorn-Weizenmehl)
120 g Kerne und Saaten (z. B. Kürbiskerne, Sonnenblumenkerne, Leinsamen, Sesamsamen)
Salz
ca. 2 TL Brotgewürzmischung
½ Würfel frische Hefe (21 g)
2 TL Apfelessig
1 EL Zucker

AUSSERDEM

Kastenform (30 cm lang)
Margarine und Mehl für die Form

1 Beide Mehlsorten, 100 g Kerne und Saaten, 2 TL Salz und das Brotgewürz in einer Schüssel mischen. Hefe, Essig und Zucker mit 500 ml lauwarmem Wasser verrühren. Die Hefe- zur Mehlmischung geben und alles mit einem Kochlöffel oder den Knethaken des Handrührgeräts bzw. in der Küchenmaschine zu einem flüssigen, klebrigen Teig verrühren.

2 Die Kastenform gut mit Margarine fetten und mit Mehl ausstreuen. Den Teig in die Form füllen, glatt streichen und mit den restlichen Kernen (20 g) bestreuen. Die Kastenform in den kalten Backofen (2. Schiene von unten) schieben und eine ofenfeste Schale mit Wasser auf den Ofenboden stellen. Den Ofen auf 190° einstellen und das Brot 1 Std. backen.

3 Die Schale mit dem Wasser entfernen. Das Brot aus der Form stürzen und ohne diese in 10–15 Min. fertig backen. Die Klopfprobe machen und das Brot bei Bedarf 5–10 Min. weiterbacken. Das Brot auf einem Kuchengitter auskühlen lassen.

Für 1 Brot (ca. 20 Scheiben) • 8 Min. Zubereitung • 1 Std. Backen • Pro Scheibe ca. 95 kcal, 3 g E, 0 g F, 20 g KH

WEISSBROT AUS DEM TOPF

4-ZUTATEN-REZEPT

550 g Weizenmehl (Type 550)
Salz
½ Würfel frische Hefe (21 g)
1 EL Honig

AUSSERDEM

ofenfester Topf mit Deckel (ca. 22 cm ∅; am besten Gusseisen)
Mehl zum Arbeiten

MEHR DRAUS MACHEN

Durch Aufstreuen und Untermischen von Kernen oder Saaten (z. B. Sonnenblumenkerne, Kürbiskerne, Sesam) lässt sich das Brot ohne zusätzlichen Zeitaufwand lecker variieren.

1 Den Topf mit aufgelegtem Deckel in den Backofen (2. Schiene von unten) stellen und den Ofen auf 230° vorheizen.

2 Mehl und 2 TL Salz in einer Schüssel mischen. Hefe und Honig mit 330 ml lauwarmem Wasser verrühren. Die Hefe- zur Mehlmischung geben und alles ca. 3 Min. erst mit den Knethaken des Handrührgeräts und anschließend mit den Händen glatt verkneten.

3 Die Arbeitsfläche mit etwas Mehl bestreuen und den Teig darauf mit bemehlten Händen zu einem runden Brot formen. Ist der Ofen heiß, den Topf vorsichtig herausholen und den Deckel abnehmen. Das Brot mit der Naht nach oben in den Topf setzen. Den Deckel wieder aufsetzen und den Topf zurück in den Ofen stellen.

4 Das Brot 50 Min. backen, dann den Deckel entfernen und das Brot in weiteren 5–10 Min. offen fertig backen. Das Brot vorsichtig aus dem Topf nehmen, diesen dazu am besten umdrehen. Die Klopfprobe machen und das Brot bei Bedarf noch 5–10 Min. ohne Topf weiterbacken. Das fertige Brot auf einem Kuchengitter vollständig auskühlen lassen.

Für 12 Brötchen • 5 Min. Zubereitung • 30 Min. Backen • Pro Stück ca. 130 kcal, 5 g E, 1 g F, 24 g KH

VOLLKORNBRÖTCHEN

EASY IN DER MUFFINFORM

400 g Vollkorn-Weizenmehl
Salz
2 TL Trockenhefe
1 TL Weißweinessig
1 TL Honig
80 g Haferflocken (zarte oder kernige)

AUSSERDEM
12er-Muffinform
Butter für die Form

1 Eine ofenfeste Schale mit Wasser auf den Boden des Backofens stellen und den Ofen auf 230° vorheizen. Mehl und 1 ½ TL Salz in einer Schüssel mischen. Hefe, Essig und Honig mit 350 ml lauwarmem Wasser verrühren. Die Hefe- zur Mehlmischung geben und alles mit den Knethaken des Handrührgeräts oder in der Küchenmaschine glatt verkneten.

2 Die Mulden der Muffinform mit Butter fetten und mit der Hälfte der Haferflocken ausstreuen. Den Teig mithilfe von zwei Löffeln gleichmäßig auf die Mulden verteilen und mit den übrigen Haferflocken (40 g) bestreuen.

3 Die Brötchen im Ofen (2. Schiene von unten) 20 Min. backen. Die Schale mit dem Wasser aus dem Ofen entfernen und die Brötchen in ca. 10 Min. goldbraun fertig backen. Die Brötchen aus der Form lösen und auf einem Kuchengitter auskühlen lassen.

Für 1 Brot (15 Scheiben) • 10 Min. Zubereitung • 45 Min. Backen • Pro Scheibe ca. 160 kcal, 7 g E, 5 g F, 19 g KH

SAATEN-DINKELBROT

KÖRNIGER GENUSS

200 g Vollkorn-Dinkelmehl
200 g Dinkelmehl (Type 630)
75 g Leinsamen
75 g Sesamsamen
Salz
1 Pck. Trockenhefe
1 EL Essig

AUSSERDEM

Kastenform (20 cm lang)
Butter (ersatzweise Margarine) für die Form
3 EL Dinkelflocken

1 Beide Mehlsorten, Leinsamen, Sesam, 8 g Salz und die Trockenhefe in einer Schüssel mischen. 400 g lauwarmes Wasser mit dem Essig verrühren, dazugießen und alles mit einem Kochlöffel zu einem zähen Teig verrühren.

2 Die Form mit Butter einfetten und mit 2 EL Dinkelflocken ausstreuen. Den Teig einfüllen, glatt streichen und mit den übrigen Dinkelflocken (1 EL) bestreuen.

3 Die Form in den kalten Backofen (Mitte) stellen. Den Backofen auf 180° einstellen und das Brot in 45 Min. goldbraun backen. Herausnehmen, 10 Min. ruhen lassen, dann auf ein Kuchengitter stürzen und abkühlen lassen.

QUARKBROT

LUFTIG LEICHT

500 g Mehl
2 Pck. Backpulver
Salz
2 TL Zucker
500 g Magerquark
2 Eier (M)

AUSSERDEM
Kastenform (30 cm lang)
Butter für die Form
Mehl für die Form und zum Arbeiten

GUT ZU WISSEN
Falls der Quark sehr feucht ist, muss eventuell noch etwas mehr Mehl unter den Teig geknetet werden. Er sollte zwar schon sehr weich sein, sich aber dennoch gut zu einem Brot formen lassen.

1 Eine ofenfeste Schale mit Wasser auf den Backofenboden stellen und den Ofen auf 180° vorheizen.

2 Mehl, Backpulver, 1 ½ TL Salz und den Zucker in einer Schüssel mischen. Den Quark mit den Eiern verrühren. Die Quark- zur Mehlmischung geben und alles mit den Knethaken des Handrührgeräts oder in der Küchenmaschine glatt verkneten.

3 Die Kastenform gut mit Butter fetten und mit Mehl ausstreuen. Den Teig auf der bemehlten Arbeitsfläche zu einem ca. 30 cm langen Brotlaib formen und in die Form setzen. Mit Wasser bestreichen, mit einem scharfen Messer 3-mal quer ca. ½ cm tief einschneiden und mit etwas Mehl bestreuen.

4 Das Brot im Ofen (2. Schiene von unten) 40 Min. backen. Die Schale mit dem Wasser entfernen und das Brot in 10 Min. goldbraun fertig backen. Die Stäbchenprobe machen (ein Holzstäbchen in das Brot stecken und rausziehen, hängt kein Teig daran, ist das Brot fertig). Bei Bedarf 5–10 Min. weiterbacken. Das Brot in der Form auf einem Kuchengitter 10 Min. abkühlen lassen, dann vorsichtig herauslösen und ganz auskühlen lassen.

Für 1 Brot (ca. 22 Scheiben) • 10 Min. Zubereitung • 45 Min. Backen •
Pro Scheibe ca. 110 kcal, 2 g E, 4 g F, 16 g KH

SCHOKO-BANANENBROT

SCHNELL WAS SÜSSES

60 g Butter
3 reife Bananen (ca. 375 g)
1 Ei (M)
100 g Zucker
2 TL Backpulver
220 g Mehl
100 g backfeste Zartbitter-Schokotropfen
Salz

AUSSERDEM

Kastenform (30 cm lang)
Butter und Mehl für die Form

GU CLOU

In Frischhaltefolie gewickelt bleibt das Brot 3 bis 4 Tage schön saftig. Warm schmeckt es besonders gut, dafür eine Scheibe abschneiden und kurz im Toaster aufbacken.

1 Die Butter in einem Topf schmelzen. Die Bananen schälen und in einer Schüssel mit einer Gabel zu einem feinen Mus zerdrücken. Bananenmus, Butter und das Ei verrühren.

2 Zucker, Backpulver, Mehl, Schokotropfen und 1 Prise Salz in einer Schüssel mischen. Die Bananenmischung dazugeben und alles mit den Knethaken des Handrührgeräts bzw. in der Küchenmaschine zu einem sehr weichen Teig vermengen.

3 Den Backofen auf 180° vorheizen. Die Kastenform mit Butter fetten und mit Mehl ausstreuen. Den Teig in die Form füllen und glatt streichen. Das Brot im Ofen (2. Schiene von unten) 45 Min. backen.

4 Die Stäbchenprobe machen (ein Holzstäbchen in das Brot stecken und rausziehen, hängt kein Teig daran, ist das Brot fertig). Das Brot bei Bedarf noch 5–10 Min. weiterbacken, dann in der Form auf einem Kuchengitter ca. 15 Min. abkühlen lassen. Aus der Form lösen und vollständig auskühlen lassen.

BROTE OHNE GEHEN

Für 1 Brot (ca. 24 Scheiben) • 5 Min. Zubereitung • 1 Std. 20 Min. Backen • Pro Scheibe ca. 105 kcal, 4 g E, 1 g F, 19 g KH

DINKEL-MALZBROT

GANZ BESONDERS MIT MALZBIER

250 g Dinkelmehl (Type 630)
250 g Vollkorn-Dinkelmehl
100 g Haferflocken (zarte oder kernige)
Salz
½ Würfel frische Hefe (21 g)
250 ml Malzbier

AUSSERDEM

Kastenform (30 cm lang)
Margarine für die Form
ca. 4 EL Haferflocken für die Form

1 Beide Mehlsorten, Haferflocken und 2 TL Salz in einer Schüssel sorgfältig mischen. Die Hefe und das Malzbier mit 250 ml lauwarmem Wasser verrühren. Die Hefe- zur Mehlmischung geben und alles ca. 5 Min. mit den Knethaken des Handrührgeräts oder in der Küchenmaschine verkneten.

2 Die Kastenform gut mit Magarine fetten und mit Haferflocken ausstreuen. Den Teig in die Form füllen und glatt streichen. Die Kastenform auf einen Ofenrost in den kalten Backofen (2. Schiene von unten) schieben und eine ofenfeste Schale mit Wasser auf den Ofenboden stellen.

3 Den Ofen auf 190° einstellen und das Brot 1 Std. 10 Min. backen. Die Schale mit dem Wasser aus dem Ofen entfernen. Das Dinkel-Malzbrot aus der Form stürzen und ohne die Form in weiteren 10 Min. fertig backen. Die Klopfprobe machen (dafür mit der Faust auf die Unterseite des Brotes klopfen, klingt es hohl, ist das Brot fertig). Das Brot bei Bedarf 5–10 Min. weiterbacken, dannauf einem Kuchengitter auskühlen lassen.

*Für 1 Brot (ca. 24 Scheiben) • 20 Min. Zubereitung • 45 Min. Backen •
Pro Scheibe ca. 100 kcal, 3 g E, 3 g F, 15 g KH*

SCHWEDISCHES VOLLKORNBROT

GANZ FRISCH GENIESSEN

50 g Vollkorn-Weizenschrot
50 g Haferflocken
200 g Vollkorn-Weizenmehl
200 g Weizenmehl (Type 550)
Salz
1 EL Dillsamen
1 ½ Pck. Backpulver
4 EL Öl
1 Ei (M)
ca. 400 g Buttermilch

AUSSERDEM

1 Kastenform (30 cm lang)
Butter für die Form

1 Schrot, Haferflocken, Vollkornmehl, Weizenmehl, 1 TL Salz, Dillsamen und Backpulver in einer Schüssel mischen. Das Öl mit dem Ei verrühren, ebenfalls in die Schüssel geben und alles grob vermengen.

2 Die Buttermilch bis auf eine halbe Tasse (ca. 50 ml) dazugießen und alles mit den Knethaken des Handrührgeräts oder einem Kochlöffel ca. 3 Min. gründlich verrühren. Ist der Teig zu trocken, noch etwas Buttermilch hinzufügen.

3 Den Backofen auf 200° vorheizen (Umluft nicht geeignet). Die Backform einfetten, den Teig einfüllen und glatt streichen. Die Oberfläche mit einem Messer längs einmal einschneiden und das Brot im Ofen (2. Schiene von unten) ca. 45 Min. backen. Herausnehmen, auf ein Kuchengitter stürzen und auskühlen lassen.

Für 1 Brot (ca. 20 Scheiben) • 10 Min. Zubereitung • 35 Min. Backen • Pro Scheibe ca. 105 kcal, 4 g E, 4 g F, 14 g KH

QUARK-ROSINEN-BROT

DICK MIT BUTTER BESTREICHEN

75 g Rosinen
250 g Weizenmehl (Type 405)
1 Pck. Backpulver
40 g Zucker
1 TL abgeriebene Bio-Zitronenschale
Salz
250 g Magerquark
2 Eier (M)
4 EL Rapsöl

AUSSERDEM

1 Kastenform (25 cm lang)
Butter für die Form

1 Die Rosinen in einer kleinen Schale mit kochendem Wasser übergießen und ca. 5 Min. quellen lassen. Dann gut abtropfen lassen.

2 Mehl, Backpulver, Zucker, Zitronenschale und 2 g Salz mischen. Quark, Eier und Öl dazugeben und alle Zutaten in der Küchenmaschine zu einem glatten, zähen Teig verkneten. Die Rosinen zum Schluss kurz unterrühren.

3 Den Backofen auf 180° vorheizen und die Form einfetten. Den Teig in die Form geben und glatt streichen. Im heißen Ofen (2. Schiene von unten) in ca. 35 Min. goldbraun backen. Herausnehmen, auf ein Kuchengitter stürzen und auskühlen lassen.

Für 1 Brot (ca. 15 Scheiben) • 10 Min. Zubereitung • 50 Min. Backen • Pro Scheibe ca. 145 kcal, 4 g E, 8 g F, 15 g KH

BUTTRIGES SCHAFSKÄSEBROT

EIN HAUCH VON ITALIEN

100 g Schafskäse (z. B. Feta)
300 g Weizenmehl (Type 550)
3 TL Backpulver
Salz
85 g weiche Butter
1 Ei (M)
110 ml Milch
2 TL getrocknete italienische Kräuter

AUSSERDEM

Kastenform (30 cm lang)
Butter und Mehl für die Form
ca. 1 EL zerlassene Butter zum Bestreichen

1 Den Schafskäse in ca. 1 cm große Würfel schneiden oder mit den Fingern zerbröckeln. Eine ofenfeste Schale mit Wasser auf den Backofenboden stellen und den Ofen auf 200° vorheizen.

2 Mehl, Käsewürfel, Backpulver und 1 TL Salz in einer Schüssel mischen. Die weiche Butter teelöffelweise daraufgeben. Das Ei mit der Milch und den Kräutern verquirlen. Die Milch- zur Mehlmischung geben und alles mit den Knethaken des Handrührgeräts oder in der Küchenmaschine zu einem ziemlich klebrigen Teig verkneten.

3 Die Kastenform mit Butter fetten und mit Mehl ausstreuen. Den Teig in die Form füllen, glatt streichen und dünn mit zerlassener Butter bestreichen.

4 Die Form in den Ofen (2. Schiene von unten) stellen und das Brot 40 Min. backen. Die Schale mit dem Wasser entfernen und das Brot in 10 Min. goldbraun fertig backen. Die Stäbchenprobe machen (ein Holzstäbchen in das Brot stecken und rausziehen, hängt kein Teig daran, ist das Brot fertig). Das Brot bei Bedarf 5–10 Min. weiterbacken. Die Form aus dem Ofen nehmen und das Brot darin ca. 10 Min. abkühlen lassen. Dann herauslösen und auf einem Kuchengitter lauwarm oder vollständig auskühlen lassen.

*Für 1 Brot (ca. 24 Scheiben) • 15 Min. Zubereitung • 1 Std. 10 Min. Backen •
Pro Scheibe ca. 95 kcal, 3 g E, 3 g F, 13 g KH*

HASELNUSS-APFEL-BROT

SCHMECKT MIT SÜSSEM UND HERZHAFTEM BELAG

100 g Haselnusskerne
1 kleiner Apfel (100 g)
500 g Vollkorn-Weizenmehl
Salz
1 Würfel frische Hefe (42 g)
1 EL Apfelessig

AUSSERDEM
Kastenform (30 cm lang)
Butter und Mehl für die Form
Mehl zum Arbeiten

1 Die Haselnüsse grob hacken. Den Apfel waschen, trocken reiben, vierteln, entkernen und grob hacken. Mehl, Nüsse, Apfelwürfel und 2 TL Salz in einer Schüssel mischen. Hefe und Essig mit 400 ml lauwarmem Wasser verrühren. Hefe- zur Mehlmischung geben und alles mit den Knethaken des Handrührgeräts oder in der Küchenmaschine zu einem flüssigen, klebrigen Teig verkneten.

2 Die Form mit Butter fetten und mit Mehl ausstreuen. Den Teig einfüllen und glatt streichen, die Form in den kalten Ofen (2. Schiene von unten) schieben, eine ofenfeste Schale mit Wasser auf den Boden stellen. Den Ofen auf 200° stellen und das Brot 1 Std. backen.

3 Die Schale mit Wasser entfernen, das Brot aus der Form stürzen und ohne Form weitere 10 Min. backen. Die Klopfprobe machen und das Brot bei Bedarf noch 5–10 Min. weiterbacken. Auf einem Kuchengitter auskühlen lassen.

Für 1 Brot (ca. 20 Scheiben) • 20 Min. Zubereitung • 1 Std. Backen •
Pro Scheibe ca. 150 kcal, 6 g E, 5 g F, 21 g KH

MÖHREN-JOGHURT-BROT

SAFTIG UND MIT BISS

200 g Möhren (ersatzweise Zucchini)
530 g Weizenmehl (Type 550)
1 Pck. Backpulver
150 g Salatkernmischung
1 TL Zucker
Salz
350 g Joghurt (3,5 % Fett)
1 Ei (M)

AUSSERDEM

Mehl zum Arbeiten

1 Ein Backblech in den Ofen (2. Schiene von unten) schieben und eine ofenfeste Schale mit Wasser auf den Ofenboden stellen. Den Ofen auf 230° vorheizen. Möhren putzen, schälen und grob raspeln.

2 Möhren, Mehl, Backpulver, 80 g Salatkernmischung, Zucker und 2 TL Salz in einer Schüssel mischen. Joghurt und Ei verquirlen. Joghurt- zur Mehlmischung geben und alles erst mit den Knethaken des Handrührgeräts und anschließend mit den Händen glatt verkneten. Den Teig auf der bemehlten Arbeitsfläche mit leicht bemehlten Händen zu einem länglichen Laib formen.

3 Brot auf ein Backpapier setzen und mit Wasser bestreichen. Übrige Kerne (70 g) daraufstreuen und andrücken. Brot längs ca. ½ cm tief einschneiden, mit dem Backpapier auf das Blech ziehen, 45 Min. backen. Die Wasserschale entfernen und das Brot in 10–15 Min. goldbraun backen. Auf einem Kuchengitter auskühlen lassen.

Für 1 Kastenform (ca. 24 Scheiben) • Zubereitung: 25 Min. • 50 Min. Backen •
Pro Scheibe ca. 120 kcal, 3 g EW, 5 g F, 15 g KH

FRUCHTIGES BANANENBROT

GEHT AUCH ALS KUCHEN DURCH

300 g Mehl (Type 1050)
100 g gemahlene Haselnüsse
2 TL Backpulver
2 EL Kakaopulver
Salz
300 g reife Bananen
100 g Softdatteln (entsteint)
120 g Margarine
50 g Honig
1 TL Zimtpulver
1 Ei (M)
evtl. etwas Milch

AUSSERDEM

Kastenform (30 cm lang)
Margarine und Kakaopulver für die Form

MEHR DRAUS MACHEN

Das Brot ist halb Kuchen, halb Brot und schmeckt toll mit Sahnequark, Fruchtaufstrich, Honig, Mascarpone und frischen Früchten.

1 Den Backofen auf 180° vorheizen. Die Kastenform mit etwas Margarine einfetten und mit etwas Kakao ausstreuen.

2 Das Mehl mit Nüssen, Back- und Kakaopulver sowie 1 Msp. Salz vermischen. Die Bananen schälen, mit den Datteln in Stücke schneiden und mit einem Pürierstab fein zerkleinern.

3 Margarine, Honig, Zimt und das Ei mit den Quirlen des Handrührgeräts cremig rühren. Nach und nach im Wechsel die Mehlmischung und das Fruchtmus mit einem Löffel unterziehen. Wenn der Teig zu trocken ist, 1–2 EL Milch zugeben.

4 Den Teig in die Kastenform füllen, glatt streichen und im Ofen (Mitte) ca. 50 Min. backen. Achtung: Sollte das Brot oben zu dunkel werden, rechtzeitig mit Alufolie abdecken!

5 Die Stäbchenprobe machen (ein Holzstäbchen in das Brot stecken und rausziehen, hängt kein Teig daran, ist das Brot fertig). Das Brot bei Bedarf 5–10 Min. weiterbacken. Aus dem Ofen nehmen und auf einem Kuchengitter abkühlen lassen.

HOLZAPFEL
HIS MASTERS KNIFE
rostfrei

Für 10 Brötchen • 10 Min. Zubereitung • 20 Min. Backen • Pro Stück ca. 180 kcal, 7 g E, 2 g F, 33 g KH

FRÜHSTÜCKS-BLITZBRÖTCHEN

AUS DER MUFFINFORM

500 g Dinkelmehl (Type 1050)
2 TL Backpulver
Salz
1 gestr. TL Zucker
2 TL Öl
1 EL Sesamsamen

AUSSERDEM
12er-Muffinform
Öl für die Muffinform oder 10 Papierförmchen

TAUSCH-TIPP

Natürlich eignen sich auch andere Saaten zum Bestreuen der Brötchen, etwa Mohn oder Sonnenblumenkerne. Sie können auch direkt mit in den Teig gerührt werden. Eine süße Variante wird es mit 2 EL Zucker und 50 g Rosinen.

1 Den Backofen auf 200° vorheizen. Zehn Mulden der Muffinform mit Öl einfetten oder jeweils 1 Papierförmchen hineinsetzen.

2 Mehl, Backpulver, 1 TL Salz, Zucker und Öl in eine Schüssel geben. 320 ml Wasser hinzufügen und alle Zutaten mit einem Rührlöffel oder den Rührbesen des Handrührgeräts rasch verrühren.

3 Aus dem Teig mit feuchten Händen 10 Kugeln formen und jeweils in eine Mulde der Muffinform setzen. Die Teigkugeln mit dem Sesam bestreuen und im Backofen (Mitte) in 16–20 Min. goldbraun backen. Herausnehmen und lauwarm abkühlen lassen. Die Blitzbrötchen schmecken besonders fein mit Butter und Konfitüre.

Für 8 Stück • 10 Min. Zubereitung • 30 Min. Backen • Pro Stück ca. 360 kcal, 13 g E, 13 g F, 47 g KH

DINKELBRÖTCHEN

KERNIGER GENUSS

500 g Dinkelmehl (Type 630)
150 g Kerne und Saaten (z. B. Kürbiskerne, Sonnenblumenkerne, Leinsamen, Sesamsamen)
Salz
½ Würfel frische Hefe (21 g)
1 EL Honig
2 EL Öl

AUSSERDEM

Mehl zum Arbeiten

1 Mehl, 50 g Kerne-Saaten-Mischung und 2 TL Salz in einer Schüssel mischen. Hefe, Honig und Öl mit 300 ml lauwarmem Wasser verrühren. Die Hefe- zur Mehlmischung geben und alles mit den Knethaken des Handrührgeräts und dann mit den Händen glatt verkneten.

2 Ein Backblech mit Backpapier auslegen. Den Teig auf der bemehlten Arbeitsfläche in acht Stücke teilen. Jedes Stück mit bemehlten Händen zu einem Brötchen formen, in den restlichen Kernen und Saaten (100 g) rollen und auf das Blech setzen. Mit einem Messer einmal ca. ½ cm tief einschneiden.

3 Das Blech in den kalten Ofen (2. Schiene von unten) schieben und eine ofenfeste Schale mit Wasser auf den Boden stellen. Den Ofen auf 220° einstellen und die Brötchen 20 Min. backen. Die Schale herausnehmen, die Brötchen in ca. 10 Min. goldbraun backen. Auf einem Kuchengitter auskühlen lassen.

Für 8 Stück • 10 Min. Zubereitung • 30 Min. Backen • Pro Stück ca. 240 kcal, 7 g E, 3 g F, 46 g KH

BLITZBRÖTCHEN

5-ZUTATEN-REZEPT

500 g Weizenmehl (Type 405)
Salz
½ Würfel frische Hefe (21 g)
1 EL Honig
2 EL Öl

AUSSERDEM
Mehl zum Arbeiten

1 Das Mehl und 2 TL Salz in einer Schüssel mischen. Hefe, Honig und Öl mit 300 ml lauwarmem Wasser verrühren. Die Hefe- zur Mehlmischung geben und alles erst mit den Knethaken des Handrührgeräts und anschließend mit den Händen glatt verkneten.

2 Ein Backblech mit Backpapier auslegen. Den Teig auf der leicht bemehlten Arbeitsfläche in acht Stücke teilen. Jedes Stück mit leicht bemehlten Händen zu einem runden oder ovalen Brötchen formen, auf das Blech setzen und mit einem scharfen Messer einmal ca. ½ cm tief einschneiden.

3 Das Blech in den kalten Backofen (2. Schiene von unten) schieben und eine ofenfeste Schale mit Wasser auf den Ofenboden stellen. Den Ofen auf 220° einstellen und die Brötchen 20 Min. backen. Die Schale mit dem Wasser herausnehmen und die Brötchen in ca. 10 Min. goldbraun backen. Auf einem Kuchengitter auskühlen lassen.

Für 6 Stück • 25 Min. Zubereitung • 20 Min. Backen • Pro Stück ca. 485 kcal, 22 g E, 22 g F, 49 g KH

PIADINA MIT SCHINKEN

ITALIENISCHE FLADENBROTE VOM BLECH

400 g Weizenmehl (Type 405)
60 g weiche Butter
Salz
3 Tomaten
2 Handvoll Rucola
100 g Doppelrahm-Frischkäse
6 große Scheiben geräucherter Schinken
100 g Parmesan, grob gehobelt
Pfeffer
Aceto balsamico

AUSSERDEM

Mehl zum Arbeiten

1 Mehl, Butter, 1 ½ TL Salz und 250 ml lauwarmes Wasser in eine Rührschüssel geben und mit den Knethaken des Handrührgeräts gründlich zu einem leicht klebrigen Teig verkneten.

2 Ein Backblech in den Ofen (Mitte) schieben und den Backofen auf 250° vorheizen. Tomaten waschen und in dünne Scheiben schneiden, dabei die Stielansätze entfernen. Den Rucola verlesen, waschen und trocken schleudern, grobe Stiele abzwicken.

3 Den Teig in sechs Portionen teilen und jeweils auf der bemehlten Arbeitsfläche rund 3–4 mm dick ausrollen. Je zwei Teigfladen aufs Blech legen und 5–6 Min. backen, bis sie leicht gebräunt sind, dabei ein- bis zweimal wenden (Vorsicht: Alles ist sehr heiß!).

4 Die fertigen Fladen sofort auf einer Hälfte mit Frischkäse bestreichen. Mit Schinken, Tomaten, Rucola und Parmesan belegen. Mit Salz und Pfeffer würzen, mit etwas Aceto balsamico beträufeln. Fladen zusammenklappen und servieren.

BROTE MIT KURZER GEHZEIT

Für 1 Brot (ca. 18 Scheiben) • 15 Min. Zubereitung • 40 Min. Backen •
Pro Scheibe ca. 110 kcal, 4 g E, 1 g F, 21 g KH

SCHNELLES SODABROT

WUNDERBAR FLUFFIG

230 g Vollkorn-Weizenmehl
220 g Weizenmehl (Type 405)
50 g Haferflocken
2 TL Natron
1 TL Zucker
Salz
350 g Buttermilch

AUSSERDEM
Mehl zum Arbeiten
Haferflocken zum Bestreuen
4 Eiswürfel

1 Den Backofen auf 200° vorheizen, dabei ein Backblech (2. Schiene von unten) und ein ofenfestes Schälchen auf dem Ofenboden mit vorheizen. Beide Mehlsorten, Haferflocken, Natron, Zucker und 2 TL Salz in einer Rührschüssel mischen. Die Buttermilch dazugießen und alles zuerst mit den Knethaken des Handrührgeräts oder in einer Küchenmaschine, dann mit bemehlten Händen zu einem glatten, klebrigen Teig kneten.

2 Den Teig auf einer bemehlten Arbeitsfläche rund formen, dafür die Teigränder zur Mitte schlagen, den Teig umdrehen und rund wirken. Auf einen Bogen Backpapier legen, dünn mit Wasser besprühen und mit Haferflocken bestreuen. Teigstück auf der Oberseite 3–4 mm tief zweimal über Kreuz einschneiden und 5 Min. ruhen lassen.

3 Backpapier samt Brot auf das heiße Blech ziehen. Eiswürfel vorsichtig in das heiße Schälchen geben. Das Brot im heißen Ofen ca. 40 Min. backen, nach ca. 10 Min. das Schälchen entfernen. Das Sodabrot auf einem Kuchengitter auskühlen lassen.

Für 1 Brot (ca. 15 Scheiben) • 10 Min. Zubereitung • 5 Min. Ruhen • 45 Min. Backen • Pro Scheibe ca. 155 kcal, 6 g E, 6 g F, 18 g KH

KÜRBISKERN-VOLLKORNBROT

VOLLWERTIGER BROTGENUSS

125 g Kürbiskerne
400 g Vollkorn-Dinkelmehl
Salz
1 Pck. Trockenhefe
1 ½ TL Brotgewürzmischung
2 EL Zitronensaft

AUSSERDEM
1 kleine Kastenform (20 cm lang)
Margarine für die Form

1 In einer Pfanne 100 g Kürbiskerne ohne Fett rösten, bis sie leicht gebräunt sind und duften. Herausnehmen und abkühlen lassen. Mehl, geröstete Kerne, 8 g Salz, Trockenhefe und Brotgewürz in einer Schüssel vermengen. 400 g lauwarmes Wasser mit Zitronensaft mischen und mit einem Kochlöffel unterrühren, bis ein zäher Teig entstanden ist.

2 Übrige Kürbiskerne (25 g) grob hacken. Die Form mit Margarine einfetten und mit der Hälfte der gehackten Kerne ausstreuen. Den Teig einfüllen und glatt streichen. Mit den übrigen Kernen bestreuen und 5 Min. ruhen lassen.

3 Die Form in den kalten Backofen (Mitte) schieben. Die Ofentemperatur auf 180° einstellen und das Brot 45 Min. backen. Herausnehmen und auf einem Kuchengitter auskühlen lassen.

Für 1 Brot (ca. 15 Scheiben) • 10 Min. Zubereitung • 5 Min. Ruhen • 45 Min. Backen •
Pro Scheibe ca. 170 kcal, 4 g E, 6 g F, 24 g KH

CRANBERRY-WALNUSS-BROT

FRUCHTIG-NUSSIG

100 g Walnusskerne
75 g getrocknete Cranberrys
400 g Dinkelmehl (Type 1050)
Salz
1 EL Zucker
1 Pck. Trockenhefe
2 EL Zitronensaft

AUSSERDEM
1 kleine Kastenform (20 cm lang)
Margarine für die Form

1 80 g Walnusskerne grob hacken und in einer Pfanne ohne Fett rösten, bis sie leicht gebräunt sind und duften, dann abkühlen lassen. Die Cranberrys ebenfalls grob hacken.

2 Dinkelmehl, geröstete Walnusskerne, Cranberrys, 8 g Salz, Zucker und Trockenhefe in einer Rührschüssel vermengen. 350 g lauwarmes Wasser mit Zitronensaft mischen und dazugeben. Mit einem Kochlöffel unterrühren, bis ein zäher Teig entstanden ist.

3 Die restlichen Walnusskerne (20 g) sehr fein hacken. Die Kastenform einfetten, den Teig einfüllen, glatt streichen und mit den gehackten Nüssen bestreuen. Ca. 5 Min. ruhen lassen. Die Form in den kalten Backofen (Mitte) schieben. Die Ofentemperatur auf 180° einstellen und das Brot 45 Min. backen. Herausnehmen und auf einem Kuchengitter auskühlen lassen.

Für 1 Brot (ca. 8 Stücke) • 15 Min. Zubereitung • 30 Min. Ruhen • 15 Min. Backen •
Pro Stück ca. 250 kcal, 7 g E, 8 g F, 37 g KH

FLADENBROT MIT SESAM UND SCHWARZKÜMMEL

SCHMECKT TOLL MIT DIPS

350 g Weizenmehl (Type 550)
1 EL Zucker
Salz
½ Würfel frische Hefe (21 g)
3 EL Olivenöl
1 Eigelb (M)
2 EL Sesamsamen
1 EL Schwarzkümmel

AUSSERDEM

Mehl und Öl zum Arbeiten
4 Eiswürfel

1 Mehl, Zucker und 2 TL Salz in einer Rührschüssel mischen. Die Hefe und 2 EL Öl in 220 ml lauwarmes Wasser einrühren und zum Mehl geben. Alles ca. 10 Min. mit den Händen oder ca. 5 Min. mit den Knethaken eines Handrührgeräts auf der mittleren Stufe oder in einer Küchenmaschine glatt kneten. Die Schüssel leicht ölen und den Teig ca. 30 Min. zugedeckt darin ruhen lassen.

2 Den Backofen auf 230° vorheizen, dabei ein Backblech (2. Schiene von unten) und ein ofenfestes Schälchen auf dem Ofenboden mit vorheizen. Das restliche Öl (1 EL) mit dem Eigelb verrühren. Eine Arbeitsfläche mit Mehl bestreuen, den Teig darauf zu einem ca. 20 × 30 cm großen Fladen drücken. Auf einen Bogen Backpapier legen. Mit leicht geölten Fingerspitzen kleine Dellen (ca. 1 cm tief) in den Fladen drücken und das Brot mit der Eigelb-Öl-Mischung bestreichen. Mit Sesam und Schwarzkümmel bestreuen.

3 Das Backpapier samt Fladen auf das heiße Blech ziehen. Die Eiswürfel vorsichtig in das heiße Schälchen geben. Das Brot im heißen Ofen ca. 15 Min. backen, nach ca. 5 Min. das Schälchen entfernen. Das fertig gebackene Fladenbrot herausnehmen und warm genießen oder auf einem Kuchengitter auskühlen lassen. Dabei mit einem Geschirrtuch abdecken, damit die Kruste nicht zu hart wird.

4 Stück • 15 Min. Zubereitung • 5 Min. Ruhen • Pro Stück ca. 240 kcal, 5 g E, 12 g F, 29 g KH

FLATBREADS MIT JOGHURT

BROT AUS DER PFANNE

150 g Weizenmehl (Type 405)
1 TL Backpulver
150 g griechischer Joghurt
Salz
2 EL Olivenöl

MEHR DRAUS MACHEN

Das schnelle Pfannenbrot schmeckt pur als Beilage, aber ebenso mit Butter bestrichen und mit gehackter Petersilie oder Knoblauch bestreut. Raffiniert auch mit Birne, Feta und Haselnussblättchen.

1 Das Mehl mit Backpulver, Joghurt und ½ TL Salz in einer Schüssel mit den Knethaken des Handrührgeräts ca. 2 Min. kneten.

2 1 EL Olivenöl auf der Arbeitsfläche verstreichen. Den Teig darauflegen und mit den Händen ca. 1 Min. gut durchkneten.

3 Den Teig vierteln und jede Portion zu einer Kugel rollen. Die Kugeln in Frischhaltefolie einschlagen und ca. 5 Min. im Kühlschrank ruhen lassen.

4 Das übrige Öl (1 EL) auf der Arbeitsfläche verteilen. Darauf jede Teigkugel mit einem Nudelholz zu einem dünnen Fladen ausrollen.

5 Eine Grillpfanne (ersatzweise eine beschichtete Bratpfanne) bei großer Hitze richtig heiß werden lassen.

6 Die Flatbreads in der Pfanne nacheinander ca. 30 Sek. pro Seite rösten. Sie schmecken pur, können aber auch herzhaft oder süß belegt werden.

Für 1 Kastenform (25 cm; ca.14 Scheiben) • 30 Min. Zubereitung • 30 Min. Backen • Pro Scheibe ca. 70 kcal, 2 g E, 1 g F, 13 g KH

KARTOFFELBROT MIT KÜMMEL

RUSTIKAL

250 g Weizenmehl (Type 1050) • 1 TL Backpulver • Salz • ½ Würfel frische Hefe (21 g) • 1 TL Zucker • 350 ml klassisches Mineralwasser • 100 g gekochte Kartoffel • 1 EL Kümmelsamen • Butter für die Form

1 Backform einfetten und warm stellen. Mehl mit Backpulver und ½ TL Salz mischen. Hefe zerbröckeln und mit Zucker und Mineralwasser verrühren. Kartoffel pellen und fein zum Mehl reiben. Etwas Kümmel hinzufügen.

2 Flüssigkeit und Mehl kräftig schlagen. Teig in die Form füllen und mit restlichem Kümmel bestreuen. Oberfläche längs ca. 1 cm tief einschneiden. Den Teig auf der Heizung 15 Min. gehen lassen. Den Backofen auf 200° (Umluft 180°) vorheizen. Das Brot im Ofen (2. Schiene von unten) ca. 30 Min. backen.

1 Kastenform (25 cm; ca. 14 Scheiben) • 25 Min. Zubereitung • 35 Min. Backen • Pro Scheibe ca. 100 kcal, 6 g E, 2 g F, 16 g KH

WEISSBROT MIT FRISCHKÄSE

DAS MÖGEN KINDER

300 g Weizenmehl (Type 550) • 1 TL Backpulver • Salz • ½ Würfel frische Hefe (21 g) • 1 TL Zucker • 200 g lauwarme Buttermilch • 200 g körniger Frischkäse • 1 EL Mohnsamen • Butter für die Form

1 Backform einfetten und warm stellen. Mehl in einer angewärmten Schüssel mit Backpulver und ½ TL Salz mischen. Hefe zerbröckeln und mit Zucker und Buttermilch verrühren. Flüssigkeit zum Mehl gießen und Teig kräftig schlagen. Mit dem zimmerwarmen körnigen Frischkäse mischen. Den Teig in die Form füllen, die Teigoberfläche längs etwa 1 cm tief einschneiden.

2 Den Teig mit den Mohnsamen bestreuen und zugedeckt auf der Heizung 15 Min. gehen lassen. Den Backofen auf 220° vorheizen. Das Brot im Ofen (2. Schiene von unten) ca. 35 Min. backen.

Für ca. 20 Stück • 10 Min. Zubereitung • 30 Min. Quellen • 1 Std. Backen • Pro Stück ca. 45 kcal, 2 g E, 3 g F, 3 g KH

KNÄCKEBROT

KNUSPRIGER VORRAT

50 g Vollkorn-Dinkelmehl • 40 g kernige Haferflocken • 35 g Sonnenblumenkerne • 25 g Kürbiskerne • 25 g helle Sesamsamen • 1 Zweig Rosmarin • Salz • 1 EL Olivenöl

1 Mehl, Flocken, Kerne, Sesam mischen. Rosmarin waschen, abtrocknen, Nadeln abzupfen, hacken, mit ½ TL Salz, Öl und 150 ml Wasser unterrühren. Ca. 30 Min. quellen lassen.

2 Backofen auf 170° vorheizen, ein Backblech mit Backpapier belegen. Den Teig daraufgeben und mit einer Gabel flach bis zum Rand ausstreichen. Teig im Ofen (Mitte) ca. 15 Min. backen. Herausnehmen, auf der Teigplatte mit einem Messer 20 Stücke markieren. Brot in 35–45 Min. fertig backen. Herausnehmen und abkühlen lassen. Teigplatte umdrehen, Backpapier abziehen und die Platte auseinanderbrechen. Das Knäckebrot in einer Dose aufbewahren.

Für ca. 30 Stück • 15 Min. Zubereitung • 30 Min. Quellen • 20 Min. Backen • Pro Stück ca. 45 kcal, 1 g E, 2 g F, 7 g KH

CRACKER

SUPER ZU KRÄUTERQUARK

40 g Kerne und Saaten (z. B. Kürbiskerne, Sonnenblumenkerne, Leinsamen, Sesamsamen) • 300 g Vollkornmehl • Salz • 1 ½ TL getrocknete italienische Kräutermischung • 2 EL Öl

1 Kerne und Saaten im Mixer fein mahlen. Mit Mehl, 2 TL Salz, Kräutermischung und Öl in einer Schüssel mischen. Ca. 200 ml Wasser dazugeben und alles mit den Knethaken des Handrührgeräts zu einem glatten, nicht zu klebrigen Teig verkneten. Den Teig abgedeckt 30 Min. quellen lassen.

2 Backofen auf 200° vorheizen. Den Teig zwischen zwei Bögen Backpapier zu einem ca. 3 mm dünnen Quadrat ausrollen. Das obere Papier abziehen und die Teigplatte in ca. 30 Quadrate schneiden. Die Teigplatte mit Papier auf ein Backblech ziehen und im Ofen (2. Schiene von unten) ca. 20 Min. backen. Auf ein Kuchengitter ziehen, auskühlen lassen, in Cracker brechen.

1 Brot (ca. 9 Stücke) • 35 Min. Zubereitung • 25 Min. Backen •
Pro Stück ca. 240 kcal, 12 g E, 10 g F, 26 g KH

GEFÜLLTES FLADENBROT

SCHMECKT NACH ITALIEN

½ Würfel Hefe (20 g)
1 TL Zucker
3 EL Olivenöl + Öl zum Bestreichen
½ TL Salz
300 g Weizenmehl (Type 550) + Mehl zum Arbeiten
1 TL Backpulver
1 TL getrockneter Rosmarin
125 g Lachsschinken
150 g Mozzarella
50 g Oliven (entsteint)
3 EL Pesto (aus dem Glas)
Pfeffer
1 TL schwarzer Sesamsamen

1 Backblech einölen und warm stellen. Hefe zerbröckeln, mit Zucker und 100 ml lauwarmem Wasser glatt rühren, zugedeckt warm stellen. 100 ml lauwarmes Wasser mit Öl und Salz verrühren. Mehl in einer angewärmten Schüssel mit Backpulver und Rosmarin mischen, die anderen Zutaten dazugießen und alles mischen. Teig ca. 8 Min. kneten, zu einer Kugel formen und in die Schüssel legen. Zugedeckt auf der Heizung 15 Min. gehen lassen. Backofen auf 220° vorheizen.

2 Schinken, Mozzarella und Oliven klein schneiden, mit Pesto und Pfeffer mischen. Teig halbieren. Eine Hälfte auf Mehl oval ausrollen, aufs Blech legen, mit Füllung bestreichen, einen Rand frei lassen, mit Wasser bepinseln. Übrigen Teig ausrollen, darauflegen, andrücken, Ränder nach oben rollen. Zugedeckt 5 Min. gehen lassen. Mit warmem Wasser bestreichen, mit einer Gabel einstechen, mit Sesam bestreuen. Im Ofen (Mitte) 25 Min. backen. Nach 15 Min. auf die unterste Schiene schieben. Auf einem Kuchengitter auskühlen lassen.

*1 Kastenform (ca. 14 Scheiben) • 35 Min. Zubereitung • 35 Min. Backen •
Pro Scheibe ca. 165 kcal, 4 g E, 9 g F, 18 g KH*

ROSENBROT MIT SESAM

FÜRS SONNTAGSFRÜHSTÜCK

1 Ei
300 g Weizenmehl (Type 550)
1 Pck. Trockenhefe
1 TL Backpulver
Salz
2 Prisen Zimtpulver
200 g lauwarme Sahne
40 g flüssige Butter
1 TL Honig
2 EL Sesamsamen

AUSSERDEM

Kastenform (25 cm lang)
Butter für die Form
Mehl zum Arbeiten

1 Die Form einfetten und warm stellen. Das Ei trennen, das Eigelb mit etwas Wasser verrühren und beiseitestellen. Das Eiweiß nicht ganz steif schlagen. Mehl, Trockenhefe und Backpulver in einer angewärmten Schüssel mischen. ½ TL Salz, Zimt, Sahne, 75 ml lauwarmes Wasser, Butter und Honig verrühren.

2 Flüssigkeit zum Mehl gießen, den Teig kräftig schlagen, Eischnee unterheben. Die Hälfte des Teigs in die Form geben. Übrigen Teig in vier Stücke teilen, aus jedem Stück mit bemehlten Händen eine Rolle formen und zu einer Schnecke (Rosette) rollen. Auf den Teig setzen. Teig mit Eigelb bestreichen und mit Sesam bestreuen. Die Form zudecken und den Teig ca. 15 Min. auf der Heizung gehen lassen. Inzwischen den Backofen auf 200° vorheizen, ein ofenfestes Gefäß mit kochendem Wasser auf den Boden stellen. Brot (2. Schiene von unten) ca. 35 Min. backen. Herausnehmen, ruhen lassen, aus der Form lösen, auf einem Kuchengitter auskühlen lassen.

1 Brot (ca. 20 Scheiben) • 25 Min. Zubereitung • 1 Std. 30 Min. Backen •
Pro Scheibe ca. 235 kcal, 3 g E, 15 g F, 23 g KH

SPICED PUMPKIN BREAD

FEIN GETOASTET UND MIT BUTTER BESTRICHEN

250 g Rohrzucker
3 Eier (M)
200 g Kürbispüree (selbst gekocht oder aus dem Glas)
230 ml Olivenöl
200 g Mehl
1 ½ TL Backpulver
½ TL Natron
1 TL Zimtpulver
1 Msp. gemahlene Nelke
½ TL frisch geriebene Muskatnuss
Meersalz

AUSSERDEM

1 Kastenform (ca. 30 cm lang)
Fett und Mehl für die Form
2 EL Kürbiskerne zum Bestreuen

1 Den Backofen auf 160° (unbedingt Umluft verwenden!) vorheizen. Die Kastenform einfetten und gründlich mit Mehl ausstreuen. In einer großen Rührschüssel den Zucker und die Eier mit den Rührbesen des Handrührgerätes (oder der Küchenmaschine) zu einer hellschaumigen Masse schlagen. Das Kürbispüree und das Olivenöl unterrühren.

2 Das Mehl mit dem Backpulver, dem Natron, den Gewürzen und ½ TL Meersalz vermischen. Zur schaumigen Kürbismasse geben und nur kurz unterrühren, bis sich alle Zutaten verbunden haben.

3 Den Teig in die Kastenform füllen und glatt streichen. 5 Min. ruhen lassen. Das Brot mit den Kürbiskernen bestreuen und im Ofen (Mitte) 1 Std. 15 Min. – 1 Std. 30 Min. backen. Dabei mit Alufolie abdecken, falls es zu dunkel werden sollte. Herausnehmen, abkühlen lassen und in Scheiben schneiden.

Für 1 Brot (ca. 20 Scheiben) • 15 Min. Zubereitung • 40 Min. Backen •
Pro Scheibe ca. 130 kcal, 4 g E, 5 g F, 16 g KH

QUARKBROT MIT SCHOKOLADE

GEHT AUCH ALS KUCHEN DURCH

75 g Rosinen
100 Zartbitterschokolade
250 g Weizenmehl (Type 405)
1 Pck. Backpulver
40 g Zucker
1 TL abgeriebene Bio-Zitronenschale
Salz
250 g Magerquark
2 Eier (M)
4 EL Öl

AUSSERDEM

Kastenform (25 cm lang)
Butter für die Form

1 Für den Teig die Rosinen in einer Schüssel mit kochendem Wasser übergießen und 5 Min. quellen lassen. Dann in ein Sieb abgießen und abtropfen lassen.

2 Den Backofen auf 180° vorheizen und die Kastenform mit Butter einfetten. Die Schokolade in kleine Stücke hacken. Mehl, Backpulver, Zucker, Zitronenschale und ½ TL Salz mischen. Quark, Eier und Öl dazugeben und alles mit den Knethaken des Handrührgeräts zu einem zähen Teig verkneten. Rosinen und gehackte Schokolade kurz unterkneten.

3 Den Teig in die Form geben, glatt streichen und ca. 5 Min. ruhen lassen. Anschließend im Ofen (Mitte) in 35–40 Min. goldbraun backen. Das Quarkbrot herausnehmen, 10 Min. ruhen lassen, dann auf ein Kuchengitter stürzen und abkühlen lassen.

Für 8 Stück • 10 Min. Zubereitung • 20 Min. Backen • Pro Stück ca. 335 kcal, 10 g E, 9 g F, 54 g KH

BLITZ-SCHOKOBRÖTCHEN

FEIN ZUM SONNTAGSKAFFEE

450 g Weizenmehl (Type 405)
Salz
1 Pck. Backpulver
20 g weiche Butter
50 g Zucker
100 g backfeste Schokotropfen
60 g Magerquark
200 ml Milch
1 Ei (M)

AUSSERDEM

Mehl zum Arbeiten
ca. 4 EL Milch zum Bestreichen

1 Den Backofen auf 180° vorheizen. Ein Backblech mit Backpapier auslegen. Mehl, ½ TL Salz, Backpulver, Butter, Zucker und Schokotropfen in einer Schüssel mischen. Quark, Milch und Ei verquirlen. Quark- zur Mehlmischung geben und alles zuerst mit den Knethaken des Handrührgeräts und dann mit den Händen glatt verkneten.

2 Den Teig auf der bemehlten Arbeitsfläche zu einem großen Kreis (ca. 30 cm ∅) ausrollen. Den Teigkreis mit einem Messer wie eine Torte in acht Stücke schneiden. Die Teigstücke auf das Blech setzen und mit Milch bestreichen. Ca. 5 Min. ruhen lassen.

3 Die Brötchen im Ofen (Mitte) in ca. 20 Min. goldbraun backen. Vom Blech nehmen und auf einem Kuchengitter lauwarm oder vollständig abkühlen lassen.

Für 6 Stück • 15 Min. Zubereitung • 10 Min. Gehen • 12 Min. Backen • Pro Stück ca. 225 kcal, 7 g E, 8 g F, 30 g KH

BURGER BUNS

AUCH FEIN FÜRS FRÜHSTÜCK

50 g Butter
225 g Weizenmehl (Type 405)
Salz
1 Ei (M)
1 EL Trockenhefe
20 g Zucker

AUSSERDEM
Mehl zum Arbeiten
ca. 6 TL Sesamsamen zum Bestreuen

1 Die Butter in einem Topf bei mittlerer Hitze zerlassen. Mehl und 1 TL Salz in einer Schüssel mischen. Das Ei trennen. Eigelb, Hefe, Zucker und Butter mit 120 ml lauwarmem Wasser verrühren. Hefe- zur Mehlmischung geben und alles zuerst mit den Knethaken des Handrührgeräts und dann mit den Händen glatt verkneten.

2 Ein Backblech in den Ofen (2. Schiene von unten) schieben und den Ofen auf 220° vorheizen. Teig auf der bemehlten Arbeitsfläche in sechs Stücke teilen und diese rund rollen. Brötchen mit der Naht nach unten auf ein Backpapier setzen, mit einem feuchten Küchentuch abdecken und an einem warmen Ort 10 Min. gehen lassen.

3 Das Eiweiß verquirlen, die Buns damit bestreichen und mit dem Sesam bestreuen. Das Backpapier auf das heiße Blech ziehen und die Buns in 10–12 Min. goldbraun backen. Auf einem Kuchengitter vollständig auskühlen lassen.

Für 8 Stück • 50 Min. Zubereitung • 30 Min. Ruhen • Pro Stück ca. 90 kcal, 3 g E, 2 g F, 16 g KH

CHAPATIS

KNUSPRIGES PFANNENBROT AUS INDIEN

80 g Weizenmehl (Type 405)
120 g Vollkorn-Weizenmehl
Salz
1 EL Ghee (ersatzweise Butterschmalz)

AUSSERDEM
Mehl zum Arbeiten

1 Beide Mehlsorten mit 1 TL Salz in einer Schüssel mischen. Das Ghee in einem Topf zerlassen und mit ca. 125 ml lauwarmem Wasser nach und nach mit den Händen unter das Mehl kneten, bis ein geschmeidiger, glatter Teig entstanden ist. Den Teig mind. 5 Min. kräftig kneten, dann zu einer Kugel formen. Die Teigkugel mit einem feuchten Küchentuch abdecken und ca. 30 Min. ruhen lassen.

2 Den Teig in acht gleich große Portionen teilen. Jedes Teigstück zu einer Kugel formen und diese auf einer dünn bemehlten Arbeitsfläche zu einem dünnen, runden Fladen von ca. 18 cm ∅ ausrollen.

3 Eine schwere Pfanne – am besten aus Gusseisen – bei großer Hitze auf dem Herd erhitzen. Die Teigfladen darin nacheinander ohne Fett bei mittlerer Hitze auf jeder Seite in ca. 2 Min. knusprig braten. Fertige Fladen auf einem Teller stapeln und mit einem Küchentuch bedeckt warm halten, bis alle Fladen gebacken sind.

REGISTER

Vegane Rezepte, die im Buch mit einem 🌿 gekennzeichnet sind, sind hier grün abgesetzt.

Abkürzungsverzeichnis:
E = Eiweiß
EL = Esslöffel (gestrichen)
F = Fett
kcal = Kilokalorien
KH = Kohlenhydrate
Msp. = Messerspitze
Pck. = Päckchen
TK = Tiefkühl
TL = Teelöffel (gestrichen)
Ø = Durchmesser

LIEBE LESERINNEN UND LESER,

wir wollen Ihnen mit diesem Buch Informationen und Anregungen geben, um Ihnen das Leben zu erleichtern oder Sie zu inspirieren, Neues auszuprobieren. Wir achten bei der Erstellung unserer Bücher auf Aktualität und stellen höchste Ansprüche an Inhalt und Gestaltung. Alle Anleitungen und Rezepte werden von unseren Autoren, jeweils Experten auf ihren Gebieten, gewissenhaft erstellt und von unseren Redakteur*innen mit größter Sorgfalt ausgewählt und geprüft.

Haben wir Ihre Erwartungen erfüllt? Sind Sie mit diesem Buch und seinen Inhalten zufrieden? Wir freuen uns auf Ihre Rückmeldung. Und wir freuen uns, wenn Sie diesen Titel weiterempfehlen, in Ihrem Freundeskreis oder bei Ihrem Online-Kauf.

Sollten wir Ihre Erwartungen so gar nicht erfüllt haben, tauschen wir Ihnen Ihr Buch jederzeit gegen ein gleichwertiges zum gleichen oder ähnlichen Thema um.

KONTAKT ZUM LESERSERVICE

GRÄFE UND UNZER VERLAG
Grillparzerstraße 12
81675 München
www.gu.de

IMPRESSUM

GU ist eine eingetragene Marke der GRÄFE UND UNZER VERLAG GmbH, www.gu.de

ISBN 978-3-8338-9245-5
1. Auflage 2024

Projektleitung: Monika Greiner
Lektorat: Katharina Lisson
Korrektorat: Waltraud Schmidt
Gesamtgestaltung: independent Medien-Design, München
Umschlaggestaltung: ki36 Editorial Design, Sabine Krohberger, München
Herstellung: Gloria Schlayer
Satz: Eberl & Koesel Studio GmbH
Reproduktion: medienprinzen GmbH
Druck und Bindung: Firmengruppe APPL, aprinta druck, Wemding
Printed in Germany

GRÄFE UND UNZER
Ein Unternehmen der
GANSKE VERLAGSGRUPPE

Bildnachweis:
Coco Lang/Stockfood Studios: S. 01, 05 und Stilleben auf den Klappen
Coco Lang: 22, 39
Jörg Lehmann: S. 9, 10, 12, 15, 16, 18, 20, 29-31, 57, 58, KHI_1, _2, _3
Barbara Bonisolli: S. 33
Mathias Neubauer: Cover, 06, 40, 64, KVI_3, _4, _5, _6
Wolfgang Schardt: S. 17, 27, 36. 37, 44, 45, 59, KVI _1 und _2
Julia Hoersch: S. 42, 47
Jana Liebenstein: S. 26
Vivi d'Angelo: S. 54
Jörn Rynio: S. 50, 52, 53
René Riis: S. 34
Silvio Knezevic: S. 48
privat: S. 04 Autorenfoto

Umwelthinweis:
Nachhaltigkeit ist uns sehr wichtig. Der Rohstoff Papier ist in der Buchproduktion hierfür von entscheidender Bedeutung. Daher ist dieses Buch auf PEFC-zertifiziertem Papier gedruckt. PEFC garantiert, dass ökologische, soziale und ökonomische Aspekte in der Verarbeitungskette unabhängig überwacht werden und lückenlos nachvollziehbar sind.

Bildagentur Image Professionals GmbH, Tumblingerstr. 32, 80337 München www.image-professionals.com
Die GU-Homepage finden Sie unter www.gu.de

APPETIT AUF MEHR?

ISBN 978-3-8338-8472-6

ISBN 978-3-8338-8605-8

ISBN 978-3-8338-8171-8

ISBN 978-3-8338-6621-0

ISBN 978-3-8338-8875-5

ISBN 978-3-8338-8339-2

e Alle hier vorgestellten Bücher sind auch als eBook erhältlich.

GU

Mehr von GU auf **gu.de** | **gu.verlag** | **gu.verlag**

Anna Walz

Die Autorin

arbeitet in Hamburg als freie Foodstylistin und Rezeptentwicklerin und ist ausgebildete Konditorin. Seit vielen Jahren arbeitet sie für namhafte Verlage, Zeitschriften und Food-Unternehmen. Weitere schnelle Brotrezepte kommen von: Kristiane Müller-Urban, Anne-Kathrin Weber, Dagmar von Cramm, Nicole Just, Cornelia Schinharl, Sandra Schumann, Sonja Stötzel, Lena Merz und Martin Kintrup.

Die Fotos

Die schönen Bilder vom duftenden Brot stammen von Jörg Lehmann, Coco Lang, Mathias Neubauer, Jana Liebenstein, Julia Hoersch, Vivi d'Angelo, Silvio Knezevic, Barbara Bonisolli, René Riis, Jörn Rynio und Wolfgang Schardt.